AF495975

RÉPONSE

A MONSIEUR

ROUVELLAT DE CUSSAC.

PAR ERNEST LE MENGNONNET.

RÉPONSE

A MONSIEUR

ROUVELLAT DE CUSSAC.

Vous ne voulez pas, Monsieur, *qu'on croie* (page 6) *que vous vous montrez hostile à l'administration des colonies, qu'on doit distinguer de l'administration coloniale qui est sur les lieux. La position et le caractère distingué des personnes qui dirigent les affaires coloniales, au ministère de la Marine, garantissent leur indépendance. Monsieur le Ministre et ses honorables collaborateurs n'ont jamais voulu que le bien de tous.*

Je prends acte de cette déclaration, vous demandant permission de vous la rappeler plus tard.

Vous eussiez pu, dites-vous, faire un gros volume: je le crois sans peine, car vous me paraissez avoir beaucoup d'imagination, n'être pas né impunément sous le ciel du Midi, et aimer fort les histoires, qu'elles soient lugubres ou plaisantes.

Je ne suis nullement intéressé dans la question que vous traitez, ne possédant *heureusement* rien aux colonies. Je dis heureusement, car ceux dont la fortune y est engagée, Français cependant, comme vous Monsieur, doivent craindre chaque jour de se voir ruinés. A quoi tendent en effet les déclamations des soi-disant Négrophiles, si ce n'est, en plaignant les esclaves et attaquant les colons, à pousser les Noirs à la révolte, ou à entraîner le gouvernement dans la voie suivie par l'Angleterre, et dont chaque jour nous montre les désastreux résultats ? Je devrais peut-être garder le silence, car il est de mode aujourd'hui de se poser en Négrophile; et l'on écoute avec prévention ceux qui défendent les colons ; mais j'ai aux Antilles des amis que, depuis longtemps, je connais bons et humains : plusieurs ont, à diverses reprises, amené des esclaves en France, et ces malheureux si déchirés de coups ont toujours préféré l'esclavage avec leur maître, à la liberté qu'ils avaient acquise en touchant le sol de France. Je veux, au nom de ces amis, protester contre l'accusation de cruauté que vous faites peser sur les colons.

Je vous suivrai pas à pas, Monsieur, et si je ne réfute pas votre livre mot à mot, c'est que, comme vous, je ne veux pas écrire un volume. Si je ne détruis pas les faits que vous avancez, je les montrerai du moins sous leur véritable jour. Rappelez-vous l'histoire de cet homme qui, à l'aide d'un télescope, faisait voir des changements bizarres, survenant incessamment dans la lune ; on démonta l'instrument, et l'on y trouva une souris vivante : le merveilleux s'évanouit. Je vais m'efforcer de démonter votre télescope.

Quand parmi vos allégations il s'en rencontrera de démenties par M. de Broglie, vous voudrez bien me permettre de préférer ses assertions aux vôtres, sans pour cela vous plaindre, j'espère, d'avoir un Négrophobe pour contradicteur.

Vous êtes, dites-vous, Monsieur, _au bout de votre carrière, et touchez au seuil d'une autre vie dont vous appercevez déjà la porte entr'ouverte._ En examinant votre factum, nous verrons si cette vieillesse que vous invoquez vous a mis à l'abri d'une partiale crédulité.

Pensez-vous, Monsieur, qu'avec la presse et cette facilité de voyager qui permet à chacun de voir par ses yeux, il soit aisé de cacher ce qui se passe aux Antilles ?

Vous savez le contraire. La Guadeloupe et la Martinique ne sont pas des îles escarpées et sans bords ; si les crimes, dont vous parlez, existaient, tous les jours on les proclamerait. Nos bons amis les Anglais, qui ne demandent que la ruine de nos colonies, ne manquent pas de Pritchards dans nos établissements pour suggérer au gouvernement britannique tout ce qu'ils imaginent pouvoir nous être contraire ; les journaux anglais se hâteraient de dénoncer la barbarie de nos colons, et vous verriez ici de grands journaux négrophiles, plus ou moins désintéressés, renchérissant sur le tout, raconter aux badauds qu'il existe, avec permission du gouvernement, des êtres humains mangeant à leur déjeuner des Négrillons à la broche, et autres bourdes semblables.

Oui, des accusations ont été portées contre nos propriétaires d'esclaves ; mais de tous ces voyageurs partis, négrophiles ardents, pour s'assurer par eux-mêmes de ces actes de cruauté, combien en compterez-vous qui ne soient revenus amis de ces colons qu'on leur avait représentés comme des monstres? Quant à vous, Monsieur, soit que la fixité de votre caractère ne vous ait pas permis de modifier une opinion formée avant d'avoir pris connaissance des faits ; soit que vous ayez fermé les yeux à la lumière, vous nous rapportez les préjugés dont vous étiez imbu au moment où S. M. Charles X, connaissant votre amour pour les Nègres, et sur la recommandation de M. de Peyronnet, vous envoya préparer, par votre influence, une émancipation plus ou moins prochaine.

Vous êtes aux Antilles depuis le 4 février 1829, et beaucoup de Nègres vous ont raconté leurs douleurs. Mais s'ils calomniaient, comment trouvaient-ils accueil près d'un magistrat ; s'ils disaient vrai, comment ne provoquiez-vous pas une enquête? Et vos collègues,

Monsieur, quels hommes nous les faites-vous ? manquant ainsi à la noble mission de protéger le malheur et de punir le crime. Votre silence suffirait pour vous condamner ; celui de tant d'honorables magistrats prouve que ces plaintes et ces accusations n'ont jamais eu le moindre fondement.

Que n'avez-vous, Monsieur, parcouru les habitations ? Connaissant mieux ceux que vous attaquez, vous n'eussiez sans doute pas publié votre brochure. De ces châtiments dont vous nous parlez, vous eussiez vu quels sont ceux encore en usage et quels sont abandonnés. Vous n'eussiez pas , exploitant cette propension qui dans les choses inconnues nous porte toujours à dépasser la vérité , fait résonner les mots de quatre piquets, colliers à branche, etc., pour qu'à défaut de faits , les noms frappassent l'imagination.

Vous eussiez vu (Discours de M. Dupin, avril 1845) que les cachots affreux et les instruments de torture n'existent plus que comme souvenirs d'un autre âge, montrés là au voyageur, comme à l'arsenal de Venise on fait voir les instruments de supplice inventés par je ne sais quel tyran de Ferrare ; vous eussiez vu que la punition est toujours , à de très-rares exceptions près, bien au-dessous de la faute. Enfin, vous vous fussiez convaincu que , magistrat chargé d'appliquer la peine , vous eussiez été souvent, peut-être toujours, plus sévère que le maître. Ne pensez pas, je vous prie, que par ces paroles je veuille accuser votre humanité ; mais le Nègre coupable ne vous eût pas appartenu, et généralement Dieu nous a donné des entrailles de miséricorde pour l'homme qui, vivant continuellement près de nous, fait pour ainsi dire partie de la famille. Ne porterez-vous pas plus d'intérêt à votre domestique blessé qu'à un étranger ?

Comment, Monsieur, *vous connaissez* (page 11) *les*

dépôts publics où se trouvent des pièces qui constatent et précisent les circonstances de crimes accompagnés de détails atroces, commandés ou tolérés par des personnes appartenant à ce qu'on appelle l'aristocratie coloniale, crimes dont le récit ferait frissonner et ne rencontrerait en France que des incrédules. Vous pouvez nommer les auteurs et les complices, et vous ne le faites pas! vous homme de cœur, qui voulez remplir un devoir de conscience, qui avez le courage de vos opinions, et ne craignez pas d'exciter la haine (p. 8).

Vous ne le faites pas, vous magistrat! Mais quelle foi peut-on ajouter à vos accusations, lorsque vous ne pouvez les prouver, sans prouver en même temps que vous avez manqué à vos premiers devoirs! Mais non, Monsieur, pas plus que vos collègues vous n'avez eu rien à dénoncer; car, encore une fois, j'espère que vous ne prétendez pas que ce soient gens sans conscience que les conseillers à la Cour royale, bien qu'ils n'attaquent pas *le régime abominable dont le contact dégrade et corrompt tout ce qu'il peut atteindre et tout ce qui l'entoure.* Vous, M. Rouvellat de Cussac, vous avez échappé à la contagion. Ces pauvres colons, si vertement attaqués, vont l'apprendre à leurs dépens. Mais la magistrature dont vous aviez l'honneur de faire partie, se doit-elle plaindre ou réjouir de ce que vous seul marchez dans cette voie?

Pourquoi ne dites-vous pas, Monsieur, ce que c'est que *cette hideuse chaîne de la police* dont vous parlez (page 11)? Pourquoi cacher que *ces hommes jeunes et vieux, cette femme âgée et cette jeune fille, ignominieusement attachées, et souvent pour de légers manquements,* le sont par suite de condamnations judiciaires; que ces anneaux de fer, ces chaînes aux pieds sont des peines infligées par la justice? Je ne puis croire que vous ayez voulu, en n'expliquant rien, laisser supposer que ce soient des châtiments arbitraires infligés par les colons pour de *légers manquements*. Mais si la justice condamne à des peines aussi sévères pour de *légers manquements,* avouez que c'est un ministre bien coupable que celui qui envoie pour juges, non des hommes mais des tigres; avouez aussi alors que vous aviez grand tort de vanter (p. 6) *M. le Ministre et ses collaborateurs.*

Vous revenez encore (page 13) sur les instruments de répression qui se trouvent dans les hôpitaux, et vous oubliez cette fois encore de dire que si on les conserve, parce qu'il n'y a pas de raisons pour les détruire, presque aucuns ne sont en usage, et que les autres, en petit nombre, sont nécessaires. Après le long séjour que vous avez fait aux Antilles, vous devez savoir que les fièvres chaudes y sont communes et violentes, et que pendant les accès les moyens de répression sont parfois indispensables. Attaquez donc la camisole de force dont on se sert en France, et les douches plus douloureuses qu'aucun des moyens que vous reprochez, et même que ce terrible masque de fer-blanc : ce n'est pas à vous qu'on fera croire qu'il soit mis pour empêcher le Nègre de manger de la terre ! vous ne croyez pas à son goût pour la terre. S'il en mange, dites-vous, p. 13, c'est dans le désir de mourir. Il est donc bien malheureux ! Eh non, Monsieur, l'esclave qui mange de la terre ne pense pas plus se suicider ainsi, que le Chinois qui fume de l'opium. Cet amour pour la terre est chez le Nègre une dépravation de goût, comme, en France, vous voyez parfois des jeunes filles manger du plâtre ou avoir des goûts plus étranges encore.

Les Nègres du gouvernement (page 14) *sont sujets au fouet tout comme les autres esclaves.* Vous ne vous apercevez pas que vous écrivez contre vous-même. Si les Nègres du gouvernement étaient exempts de ce châtiment, vous pourriez plaindre les autres esclaves, vous pourriez, avec quelque apparence de raison, appeler cruelle et barbare une peine que le gouvernement n'aurait pas voulu maintenir parmi ses esclaves. Il a donc reconnu qu'il n'y avait pas d'autre moyen de les conduire, que cette punition était indispensable. Ignorez-vous donc que l'Angleterre, pays de la philanthropie par excellence, a déclaré que son armée n'existerait plus si l'on abolissait la peine du fouet? La schlague prussienne, le bâton russe, sont-ils donc des corrections plus douces? Du fouet ou du bâton que préférez-vous? Le bâton peut casser un membre. Croyez-vous que le Nègre ait le sentiment de l'honneur plus développé que l'Anglais, le Russe et le Prussien? Me faut-il revenir, Monsieur, sur ces colliers à branche, sur ces chaînes qui n'existent plus qu'à l'état de souvenir (discours de M. Ch. Dupin à la Chambre des Pairs, avril 1845), sur ce quatre piquets, si rarement employé par le bourreau? Avouez que vous avez traité vos lecteurs comme des enfants auxquels on fait peur de Croquemitaine. Dites-nous les punitions généralement infligées, et vous verrez si vous-même pouvez vous apitoyer si fort sur le malheur de ceux qui les subissent.

Mais sur les faits que vous racontez vous serez sans doute plus précis et plus rigoureusement exact que sur ceux auxquels vous faites allusion, ou sur les instruments de torture et de supplice. Vous nous promettez, en effet (page 6), de ne nous dire que ce que vous aurez vu ou entendu déclarer publiquement aux audiences des cours d'assises. Hélas! quel manque de mémoire, nous ne sommes qu'à la page 14, et voici une histoire, non tirée des registres du greffe, mais que vous conte une Négresse en vous vendant des fruits. Des histoires pareilles, sur qui en voulez-vous en France? A qui veut les interroger, les commères ne manquent pas pour déchirer le prochain. D'où vient donc que vous croyez et voulez faire croire au récit de votre Négresse? Serait-ce parce qu'elle accuse un colon? Eh quoi, sans enquête, sans preuve, le voilà condamné! Si vous croyez à la culpabilité jusqu'à preuve de l'innocence, ceux que vous jugiez en police correctionnelle devaient trembler, Monsieur. Seriez-vous par hasard comme certains dramaturges modernes, pour lesquels toutes les vertus existent chez le peuple, tous les vices chez les riches; et une calomnie, débitée sur le port, pourvu qu'elle vînt d'un Nègre, aurait-elle tant de force, que le Blanc qui en serait l'objet dût s'estimer heureux de n'être condamné qu'aux galères? Voyons pourtant votre conversation avec la Négresse, et remarquons en passant ses malheurs ; elle vend des fruits, et ce qu'elle recevra de votre munificence, Monsieur le Conseiller, et pour son conte et pour ses fruits, sera à elle, bien à elle. Sept fois elle a été mère, et sept fois le travail a été suspendu pour elle, et pendant l'allaitement et pendant les deux mois qui ont précédé l'accouchement. Sept fois son maître lui a donné une certaine somme. Vous, en homme qui voulez vous instruire, vous l'interrogez sur ce qui se fait chez son maître ; — en France ceci n'est pas reçu généralement, mais passons ; — elle vous dit qu'un homme est resté longtemps à la barre : — qu'avait-il fait? — elle l'ignore.

Sur la place du palais de justice, j'ai vu un homme exposé, qu'avait-il fait? Je n'en sais rien. Que voulez-vous conclure de là : que l'homme exposé était innocent, que le Nègre était injustement puni? Eh! Monsieur, qui vous dit que vous n'aviez pas pris part à sa condamnation ; ou si vous êtes certain de n'avoir jamais prononcé aucune peine contre aucun Nègre, pourquoi auriez-vous la prétention de croire que votre cœur est le seul sanctuaire de la justice, et que nul autre ne peut infliger équitablement un châtiment?

Vous nous annoncez avec emphase une action inouïe, si incroyable que vous en avez conservé la date : c'était *le 4 mars 1844. Un Nègre s'était distrait de son travail quelques instants ; était-ce une heure ou deux ? vous l'ignorez.* Était-ce pendant une semaine, un mois, plusieurs mois ? sans doute vous l'ignorez également. *Ce Nègre, peu disposé à se laisser punir, opposa quelque résistance, et, en se débattant, atteignit le commandeur avec sa houe, dont il n'avait pas voulu se laisser désarmer. Le commandant de la gendarmerie est mis en réquisition, et l'on arrête que le Nègre récalcitrant recevra le quatre piquets, sur l'habitation, en présence de tout l'atelier, et qu'après avoir subi cette peine il sera détenu à la geôle pendant trois mois.*

Sans m'arrêter à la manière dont les faits sont exposés ou atténués, et un meurtrier transformé en récalcitrant, je demanderai à M. de Cussac, conseiller à la Cour royale, pouvant être président d'assises, quelle peine eût subie cet homme, en France, s'il y eût eu incapacité de travail pour le blessé pendant plus de vingt jours ? Les galères ; à M. de Cussac, conseiller à la Cour royale, devant connaître les lois militaires : si cet homme, soldat ou marin, avait levé la main sur son sergent ou son maître d'équipage, quelle eût été la peine : la mort. Voyez la cruauté des créoles : le Nègre révolté et assassin est condamné au quatre piquets et à trois mois de geôle.

Si cette indulgence de la répression coloniale, comparée à celle de la métropole, ne suffisait pas encore à rassurer sur le sort des Nègres, l'intérêt du colon n'offrirait-il pas une nouvelle garantie, puisque le maître se voit non-seulement privé du travail de l'esclave pendant la détention, mais encore paye les frais ?

Ne vous laissez donc pas entraîner par la passion, Monsieur. Ce crime du 4 mars 1844 a été dénoncé par vous à grand renfort de poumons ; et ni le directeur de l'intérieur, ni le procureur général de la Martinique n'ont été destitués, et cependant, vous l'avez dit, le Ministre veut le bien.

Avez-vous réellement cru, Monsieur, que les Nègres, quittant l'habitation après leur journée, allaient voir leurs frères, leurs parents, leurs amis? Le vieux Nègre (page 16) a-t-il cru devoir ménager, à ce point, vos chastes oreilles? Eh bien! dût votre pudeur en souffrir une cruelle atteinte; dût votre opinion des Nègres en devenir moins bonne, je vous révélerai ce que quinze années de séjour ne paraissent pas vous avoir appris; c'est que les Nègres ne vont visiter sur des habitations souvent fort éloignées, ni un parent, ni un ami, ni une sœur, ni une mère, mais la femme avec laquelle ils vivent, et que, dans leur humeur voyageuse, ils ne choisissent jamais sur l'habitation à laquelle ils appartiennent.

Ces courses nocturnes des esclaves suffiraient, du reste, à prouver combien est doux leur travail; car, si, depuis 1829, vous n'avez pas trop oublié la France, vous conviendrez avec moi qu'il n'est lien du sang, d'affection ou de cœur, qui pût déterminer nos paysans à faire une course de plusieurs lieues, chaque soir, après une journée de labeur et de fatigue.

De mon côté, je reconnaîtrai avec vous que les vieux Nègres ne sont pas honorés comme l'étaient les vieillards à Lacédémone; mais si, devant eux, ne se lèvent pas les jeunes gens, quand l'âge a diminué leur vigueur, le colon proportionne leur tâche à leurs forces. On les met à garder un champ de cannes dans un petit ajoupa; là, ils sont nourris et vêtus par les soins du maître; devenus infirmes, ils restent à la case et reçoivent une nourriture toujours suffisante; et, dans leurs maladies, des traitements habiles et les médicaments nécessaires. Combien de nos prolétaires envieraient leur sort! Parcourez les campagnes, Monsieur, vous n'y trouverez ni bureaux de bienfaisance, ni hôpitaux. Qu'y deviennent, je vous prie, les malheureux ? Souvent sans parents, plus souvent sans amis, cloués sur leur grabat par l'âge, les infirmités ou la maladie ; sans pain, sans bois, sans argent pour payer le médecin et les médicaments, il faut qu'ils meurent tués par la maladie, à laquelle ils n'ont aucun moyen d'apporter remède, par la faim qu'ils voient exercer ses ravages sur leur famille accablée, la faim qui épargnera peut-être quelques années leurs enfants pour ressaisir plus tard sa proie.

Si le tableau est moins sombre dans les villes, que de misères cependant encore, depuis celle qui alimente la prostitution jusqu'au dénûment courageusement combattu, et qui ne laisse d'autre ressource qu'une admission longtemps sollicitée à l'hospice, admission qui trop souvent s'accorde au moment où la mort la rend inutile.

Voilà, Monsieur, des misères pressantes et réelles à soulager au lieu de pleurer sur les prétendues infortunes des Nègres, que prend à leur naissance, et suit jusqu'à la tombe, la sollicitude quelquefois intéressée, si vous voulez, mais toujours attentive et vigilante de leurs maîtres.

Viendrez-vous encore, après cela, nous parler de ces Négresses que, dans le mois de mars 1844, pressé de partir et voulant faire ample moisson, vous interrogez avidement et entendez se plaindre des redevances exorbitantes exigées par leurs maîtres ? Ici encore, je pourrais vous demander si, en France, vous rencontrerez beaucoup de fermiers, même des plus riches, qui ne prétendent être pressurés par les propriétaires. Sont-ce là les infortunes que vous plaindrez en France, sont-ce là les malheurs de vos Nègres ?

Je vous le disais, Monsieur : ceux qui ont voulu étudier la question de bonne foi, partis abolitionnistes,

sont revenus des Antilles complétement désabusés. Peut-
être, pour avoir suivi une route différente, n'en arrive-
rez-vous pas moins à la même conclusion ; et, après
avoir vu le paupérisme en Europe, proclamerez-vous,
avec M. de Lamennais, que le prolétaire est plus malheureux en France que l'esclave aux colonies.

Si, dans votre ardeur négrophile, vous repoussez,
Monsieur, toute comparaison entre l'Européen et le
Noir, que n'alliez-vous, du moins, étudier les résultats de
l'émancipation sur vos protégés ? Sainte-Lucie n'était pas
à une grande distance ; si, bravant le danger d'*être dé-
gradé et corrompu par le contact* d'un créole, vous en
eussiez pris un pour compagnon de voyage, vous eussiez
entendu des Nègres marrons manifester leurs regrets
d'avoir quitté leur maître français, et se plaindre que le
gouverneur anglais, dans ce que vous nommerez sa noble
sollicitude, les empêchât d'aller reprendre leur esclavage ; vous les eussiez vus tentant de s'évader de nouveau, mais non pour conquérir leur liberté cette fois.
Vous eussiez pu admirer de près cet apprentissage anglais, le *nec plus ultrà* des biens ; voir la misère des Noirs
libres ; vous convaincre qu'ils meurent de faim, qu'ils in-
cendient, volent (1), assassinent ; que les avortements,
inconnus jadis, y sont journaliers (2). Mais peut-être auriez-vous trouvé une compensation suffisante dans ce
mot : « Ils sont libres, » et dans l'orgueil avec lequel, s'ils
se pouvaient chausser de souliers volés, ils vous auraient
dit : « Je suis aussi blanc que vous. »

C'est un pareil état que M. Duval d'Ailly a osé stig-
-matiser ! Il est vrai que cet amiral n'a pas craint de dire
qu'*à ses yeux l'esclavage, tel qu'il est actuellement régi*

(1) Adresse de la législation d'Antigues. « Le vol est organisé sur
« une si vaste échelle, qu'il n'y a plus de sûreté nulle part dans la co-
« lonie. »

(2) Rapport du capitaine de vaisseau Layrle.

dans les colonies françaises, est beaucoup plus doux que l'apprentissage anglais, et qu'il voudrait qu'il fût maintenu pendant un temps, le plus long possible. J'espère qu'il n'a jamais été le collaborateur de ce ministre *qui ne veut que le bien d'autrui,* ou l'air de là-bas, qui, dites-vous, corrompt, aura exercé sur lui sa pernicieuse influence.

Les romans d'Anne Radcliff ne sont plus de mode, Monsieur, et cependant vous nous racontez (pages 21, 22 et 23) d'horribles histoires de suicide et de mort sous le fouet; mais, ici encore, vous avez oublié votre promesse de la page 6, car rien de tout cela n'a figuré dans les débats des cours d'assises, et nul ne vous a pris pour confident des motifs de son suicide.

Passons, Monsieur, mais non sans vous faire observer que l'esclave a pour sauvegarde, près de son maître, non-seulement ce sentiment d'humanité inhérent au cœur de chacun, et si développé chez les créoles, mais encore l'intérêt, ce puissant mobile de l'homme. Un esclave est une valeur réelle et importante ; quel maître ira de gaieté de cœur l'anéantir ? le voulût-il, il ne le pourrait pas. Les lois, la magistrature, l'opinion publique veillent et protégent l'esclave ; l'amour de celui-ci pour son maître, ses regrets sous la domination anglaise viennent détruire toutes les calomnies.

Qu'il y ait parfois un suicide, c'est possible : mais n'en voyez-vous pas en France ? et sans compter les causes morales qui les provoquent, combien de suicides ont ici la faim pour motif; n'avez-vous pas entendu parler de l'affreuse pêche faite cet hiver dans la Seine ? Le père, la mère et l'enfant, ne pouvant plus supporter les tortures de la faim, s'étaient noyés, après s'être liés ensemble. Où, dans nos Antilles, l'esclavage a-t-il présenté un pareil spectacle ?

Que venez-vous parler de désordre et de prostitution !

Parent Duchâtelet vous apprendra que Paris n'a rien à envier aux Antilles, sous ce rapport. Que dirais-je des villes manufacturières de France et d'Angleterre! Et cependant, n'y a-t-il pas une part à faire à l'influence du climat et à l'ardeur du sang noir? Il faut détourner la vue de ces honteuses taches, parce que rien ne les peut faire disparaître; mais la dépravation des mœurs toujours croissante, sous un régime de liberté, dans les colonies anglaises, vous prouverait que l'esclavage a une influence plutôt préservatrice que démoralisante.

Vous voulez toujours effrayer vos lecteurs avec la geôle; mais, encore une fois, Monsieur, pourquoi ne pas dire que les châtiments qui y sont infligés sont des punitions judiciaires? Les trois quarts des esclaves punis appartiennent, assurez-vous, à la classe des marchands et des petits propriétaires. Cela prouve seulement que l'indulgence accompagne la richesse; ne voyons-nous pas la même chose en France; et la statistique des domestiques livrés aux tribunaux nous donnera-t-elle des résultats différents?

Revenant toujours sur vos accusations contre les maîtres maltraitant leurs esclaves que vous comparez à des bœufs et à des chevaux, vous me forcez à vous répéter que, dans le droit de propriété, se trouve encore un motif pour ménager le Nègre. Ce sont là des raisons plausibles, Monsieur, et cependant les faits parlent encore plus haut. La vie moyenne de l'esclave, qui n'était, il y a un siècle, que de dix ans, n'est-elle pas maintenant de trente-deux ans? Et si vous comparez ce résultat à celui de la France, vous trouverez ici, sous Louis XIV, vingt-trois ans; sous Louis XVI, vingt-huit; sous Napoléon, trente-deux: l'une a plus que triplé; l'autre s'est à peine augmentée d'un tiers.

Poursuivant la comparaison entre l'esclavage aux Antilles et le prolétariat en Europe, voyez l'augmentation de la population esclave, que ne recrute plus cependant la traite. Voyez les naissances combler, et bien au delà, dans nos colonies, les vides de la mort. Croyez-vous que les soins donnés aux femmes enceintes n'y soient pour rien? Croyez-vous que les soins donnés pendant l'accouchement et l'allaitement ne soient pour rien dans cette diminution de la mortalité chez les enfants; et trouverez-vous, dans les colonies anglaises affranchies, soixante et quatorze enfants sur cent parvenant à l'âge de quatorze ans? Tel est cependant le chiffre dans nos Antilles, tandis qu'à Liverpool, treize mois, à Manchester, dix-huit, suffisent pour faire disparaître les vingt-six centièmes des enfants.

Voilà des faits, Monsieur; et, lorsque tous concordent ainsi à prouver l'humanité et la douceur des colons, vous viendrez encore nous dire qu'ils font expirer les esclaves sous le fouet et le travail!

Oui, vous écriez-vous : M.... (vous ne le nommez pas) a fait travailler le dimanche des Rameaux et le jour de Pâques. Mais vous nous taisez l'année et les motifs. C'est, s'il faut suppléer à votre silence, Monsieur, l'année qui suivit le tremblement de terre. La récolte reculée, les moulins tardivement réparés, les cannes se perdant, ne fallait-il rien tenter pour les sauver? Le jour de Pâques! répéterez-vous. Combien de nos grandes fêtes n'ont-elles pas vu d'ouvriers, même aux Tuileries; et, sans faire de comparaison entre ce travail que vous direz libre, et qui cependant n'en a que l'apparence, car un refus peut occasionner le renvoi de l'ouvrier, pensez-vous, Monsieur, que le domestique ait ou prenne le droit de refuser d'aider le fermier le dimanche? Eh bien, si vos occupations vous eussent donné le loisir d'habiter la campagne, vous eussiez parfois, le dimanche, entendu le curé interrompre le service divin pour envoyer les fidèles sauver des grains ou des fourrages menacés par l'orage. La religion chrétienne n'ordonne pas de tout sacrifier à un froid principe, s'agît-il même de la liberté des Noirs mise en regard de l'honneur des colons et de la vérité.

C'est cependant une vérité que la funeste science des empoisonnements chez les Nègres. Mais vous n'y voulez pas croire. Des troupeaux succombent, la science se prononce, la magistrature sévit ; les juges sont donc prévaricateurs, les médecins ignorants, les colons des barbares ; car, vous le déclarez, vous, c'est une épizootie. Toute preuve contre un Nègre ne prouve rien ; toute accusation contre un Blanc condamne.

Le Nègre Dejean annonce à son maître, devant tout l'atelier, qu'il lui arrivera malheur ; et les moutons dont il avait soin meurent rapidement. On trouve chez Dejean une canne à épée, et vous vous étonnez qu'on l'arrête préventivement. Ne voyons-nous jamais, en France, d'arrestations préventives moins justifiées ? Mais n'avez-vous jamais, Monsieur le Magistrat, suivi l'instruction d'aucun crime ; n'arrête-t-on pas ceux qu'on croit avoir eu intérêt à le commettre ; ne s'assurerait-on pas immédiatement de l'homme qui aurait fait entendre des menaces contre la victime ? Que devons-nous accuser chez vous : oubli des formes judiciaires, ou animosité aveugle contre les colons ?

Nous voici arrivés enfin aux récits tant promis de Cour d'assises. Ce sont véritablement des traits de barbarie (pages 40 et 41). Mais que prouve cela ? Rien de plus que les crimes affreux dont retentissent nos journaux judiciaires ; seulement votre narration prouve contre vous, car ces crimes, déclarés constants, ont été punis. On rend donc, ne vous en déplaise, la justice aux colonies ; mais, avant de punir, on examine non la couleur de l'homme, mais sa culpabilité ; et vous-même, j'aime à le croire, laissiez, avant de revêtir la robe du magistrat, votre haine des colons et votre partialité pour les Nègres.

Attaquant la dépravation, vous nous citez encore des faits judiciaires ; mais, en France aussi, n'est-on pas trop souvent obligé d'ordonner le huis clos? Sur le chapitre des mœurs, ma réponse a déjà été complète, et les procès criminels ne prouvent que par leur nombre. Cependant, malgré la différence des climats, vous ne pourrez trouver que la proportion entre la France et les Antilles accuse les créoles.

Vous voici de nouveau dans les on dit. Je ne vous demanderai plus de preuves (vous n'en avez pas cherché, mais des accusations); où est seulement la présomption, quand la magistrature se tait? Combien de calomnies arrivent directement ou indirectement au parquet, dont l'attention éveillée examine en silence, mais avec soin, et ne tarde pas à reconnaître la fausseté de telles inculpations.

Vous parlez (page 43) d'esclaves blessés ; mais nous voyons trop souvent de pareils accidents arriver en France dans nos usines. Que fait à cela l'esclavage? Le malheur arrive aux Antilles par l'imprudence d'un économe ; ici, par celle d'un contre-maître : le crime serait-il dans la différence du nom?

M. B. se présente, dans la nuit du 22 au 23 mai 1844, à la caserne de gendarmerie, muni d'un ordre du directeur de l'intérieur, l'autorisant à transporter des Nègres en pays étranger. D'où venaient ces esclaves? A qui avaient-ils appartenu? Qu'avaient-ils fait pour être ainsi punis? Sans doute, M. B. avait appris tout cela au directeur de l'intérieur, mais pas à vous : de là, votre colère. Personne n'en est à l'abri. Ne seriez-vous pas un peu comme ce magistrat qui demandait une place, en France, à M. de Peyronnet. « Vous, Monsieur, » répondit le ministre, « mais où voulez-vous qu'on vous envoie,

« vous feriez battre ensemble deux montagnes de l'Avey-
« ron. » On se débarrassa cependant du solliciteur en
l'envoyant aux Antilles.

Quoique ne voulant pas, dites-vous, faire un gros
livre, vous employez dix pages à nous faire voyager *au
Marin*. De bateaux, de serpents et de *curé qu'on ne dit
pas entaché de libéralisme*, voilà ce dont vous nous en-
tretenez; mais de votre sujet, pas le moins du monde.

Mais vous y voilà revenu (page 63). Un commissaire
de police a fait raser la maison d'un homme libre, pour
retrouver deux morceaux de contrevent volés. Rien que
pour cela, vous croyez? Mais qu'y a-t-il encore là contre
l'esclavage?

Écoutons: voici qui est affreux. On a saisi des enfants! d'innocents enfants qui insultaient les passants,
voire même leur jetaient des ordures et des tessons de
bouteilles! Et les preuves, vous écriez-vous! Où sont les
preuves? Il est inutile au lecteur de demander s'il s'agit
de Nègres; votre tendre sollicitude l'indique assez. Les
preuves? Celui qui a saisi ces enfants les avait sans doute.
En France, un sergent de ville les eût vus, conduits au
violon, puis en police correctionnelle. On n'eût pas de-
mandé d'autres preuves, ce qui n'eût pas empêché au
moins les quelques jours de prison préventive. Aux Antilles, on eut d'autant plus grand tort de ne pas vous
administrer de preuves à vous, Monsieur, qui n'aviez nul
droit de les demander, qui peut-être aussi ne les deman-
dâtes pas, qu'au milieu de gens si féroces, avec un tel
luxe d'instruments de supplice, la punition va être terrible.
On les revêt d'une espèce de *chape grossière de vieille
toile d'emballage*, et on les fait promener par la ville.
Pauvres enfants, quel terrible châtiment pour un jeu
innocent! Quelle honte, et comme ils la sentent! car
une jeune fille, qui est du nombre des suppliciés, con-
tinue à insulter. Ah! Monsieur, s'il vous reste des larmes,

donnez-en quelques-unes aux enfants qui ont le bonnet d'âne.

A vous entendre, tout le monde est coupable. Déjà vous avez dénoncé le directeur de l'intérieur (page 46), le procureur général (page 14); maintenant vous accusez médecins et avocats. Seul vous êtes resté humain. Ces avocats, que nous voyons ici mettre en relief tout ce qui peut sauver leur client, et employer encore à le consoler cette parole qui n'a pu l'arracher au glaive de la loi, vous nous les montrez, aux Antilles, oubliant leur noble mission, faussant leurs serments, n'osant plus parler dès qu'il s'agit d'un esclave plaidant contre son maître. Non, Monsieur; s'ils se taisent, s'ils s'en rapportent à la sagesse du tribunal ou de la cour, c'est qu'il est des crimes pour lesquels il est impossible de trouver une parole.

Est-il besoin de défendre ces médecins français, si dévoués partout, qui, non contents de donner leurs soins à l'indigent, vident encore dans sa main la bourse qu'une active charité a rendue légère; dont le zèle court au-devant de ces malheureuses victimes du choléra ou de la peste, que tout le monde abandonne : ces médecins sont, dès leur arrivée aux Antilles, corrompus, donnent des certificats de complaisance et de confiance (page 74), mentent à leur conscience, à la justice, et font des faux dans l'espoir d'un léger lucre.....!

Nous direz-vous, Monsieur, d'où naît votre vif intérêt pour la Négresse X.; pourquoi ses paroles et celles de votre Nègre libre si bien renseigné sur tout ce qui se passe minute par minute chez M. A , vous inspirent plus de confiance que celles de votre *bon voisin et ami*, le procureur du roi, M. M., et du curé de la paroisse? Le témoignage des uns me semble d'un autre poids que celui des premiers. La Négresse X., dites-vous, ou dit-elle, n'avait pas commis de faute grave pour être punie comme elle l'a été. Quel est le condamné puni avec raison à son avis ? Vous siégiez, Monsieur, peut-être ne vous le rappelez-vous plus, dans l'affaire Fualdès ; tous les accusés se prétendaient innocents, et cependant la justice, malgré leurs dénégations, a reconnu des coupables. Et parmi les accusés qui n'ont pu nier leur crime, combien trouvent qu'il ait été proportionné au châtiment? « Je n'ai « presque rien fait, » répondait un galérien à ceux qui l'interrogeaient sur le motif de sa condamnation, « j'ai « tué ma maîtresse. » Vous en voulez à M. A., convenez-en ; il vous a fait peur en vous menaçant d'un procès en calomnie, et vous ne lui avez jamais pardonné.

Vous trouvez étrange que Mme S. ne vous prie pas de contrôler tout ce qui se passe chez elle ; et vous vous apitoyez sur le sort de Z., plus que ne le fait sa propre mère. Ah ! Monsieur, ne soyez pas plus royaliste que le roi, plus négrophile que les Nègres.

Ce ne peut être que pour nous montrer votre talent à parler créole, que vous nous contez les histoires de Coralie et de Fanchon. Vous parlez de verdicts qui ont acquitté des colons, et vous dites : Qu'importent les acquittements! Comment, Monsieur, qu'importent les acquittements! Mais à ce prix tout le monde est coupable. On vous accuse demain de vol, d'assassinat, vous êtes acquitté : devra-t-on dire qu'importe l'acquittement? Mme Lacoste est accusée d'avoir empoisonné son mari, Bletry d'avoir coupé une femme par morceaux, ils sont acquittés : doit-on dire qu'importe l'acquittement? Vous magistrat, voilà votre respect pour la chose jugée! Quelle garantie reste donc à l'homme calomnié? Mais j'oubliais que, pour vous, il ne pouvait y avoir de calomnie quand il s'agit d'un colon.

Vous vous plaignez des arrêts rendus par la Cour royale, jugeant correctionnellement ; mais c'est vous-même qui jugiez ; pardon, je me trompe : heureusement pour les Blancs accusés, près de vous siégeaient des conseillers qui, plus maîtres de leur sang-froid, examinaient, comme je l'ai dit, l'accusation et non la couleur de l'accusé. Fidèle à votre système, vous les dénoncez en proclamant qu'on ne rendait pas bonne justice.

L'histoire de votre Négrillon et l'impossibilité que vous y énoncez (pages 113, 114), prouvent seulement que vous ignorez complétement la médecine.

Le reste de votre chapitre (pages 111 à 133) est un recueil de crimes, de férocités, de coups, de séquestrations, de blessures. Permettez-moi de vous répéter encore que, sous la plume d'un magistrat qui devait en poursuivre la répression, il n'y a d'excès que ceux reconnus tels par les tribunaux. Mais, hélas ! Monsieur, fussent-ils authentiques, il n'est pas besoin, je vous l'ai dit, d'aller aux Antilles pour avoir ce triste spectacle. Tous les jours la *Gazette des tribunaux* et *le Droit* sont pleins de récits pareils ; chaque jour le plus fort opprime le plus faible ; les esclaves ne sont pas seuls exposés à ce malheur, et c'est pour cela que les tribunaux ont été institués. C'est pour rendre justice au faible, mais bonne et fidèle justice, sans passion et sans haine, sans prévention et sans partialité, que vous avez été nommé conseiller à la Cour royale.

Vous dites, Monsieur (page 136), que le n° 4 du § 1, art. 9, de la loi du 11 juin 1839, est inutile, et cependant vous savez parfaitement que tous les Nègres d'état ont un pécule considérable. Est-ce à vous que j'irai apprendre, que notamment les tonneliers de la Pointe à Pître mettent tous de côté au moins cent francs par mois ; que tous sont propriétaires au moyen d'un prête-nom, et se rachèteront le jour où la faculté en sera accordée et le prix fixé par le gouvernement ? Aux tonneliers ne savez-vous pas qu'il faut ajouter les maçons, les charpentiers, etc. ? Bien plus, Monsieur, quel Nègre d'habitation, actif et intelligent, ne possède ou un pécule ou de l'aisance?

Enfin, que faut-il de plus pour renverser vos plaintes sur l'état des esclaves, que ces paroles de M. de Broglie (rapport, page 131) : « La nourriture des Noirs est saine « et suffisante ; ils sont logés et vêtus conformément « aux exigences du climat ; ils sont convenablement soi- « gnés dans leurs maladies ; nulle part on n'exige d'eux « un travail excessif ; les châtiments corporels sont mo- « dérés. »

Quelques pages avant celle où nous arrivons, vous attaquiez l'autorité de la chose jugée ; c'est maintenant et encore le tour des magistrats. Tous sont accusés par vous de partialité. Qui s'imaginerait d'aller les défendre, et quelles inculpations les peuvent atteindre ! Je veux seulement relever vos contradictions à propos de la loi du 24 septembre 1828, qui porte que nul ne pourra être procureur général s'il a épousé une créole. Après avoir dit que la plupart des magistrats, des membres du par- quet, ne peuvent avoir d'indépendance parce qu'ils ont épousé des créoles, vous nous apprenez dans une note (comme si cela avait été modifié pendant que votre fac- tum était sous presse, tandis que le changement est déjà ancien) qu'il n'en est plus ainsi; pourquoi pendant quinze pages attaquer ce qu'était la magistrature au lieu de nous dire ce qu'elle est ?

L'ordonnance de M. Hyde de Neuville a été rapportée à tort. Mais son esprit subsiste, vous le voyez, par ce que fait le Ministre. Et avez-vous assez peu d'estime pour la magistrature, à laquelle vous avez eu l'honneur d'appartenir, que vous supposiez que l'honneur d'un de ses membres, du chef du parquet, ne puisse lutter con- tre son intérêt, dans l'intervalle si court entre son ma- riage et l'arrivée de son successeur ?

Vous parlez d'aumônes mal réparties ; c'est, hélas! un

malheur fort commun, et que sans doute vous ne prétendez pas être particulier à nos Antilles.

Après avoir avoué (page 173) qu'un procureur général dit, dans son rapport, qu'avec la disposition du samedi , un Nègre peut se fournir tout ce qui lui est nécessaire en vivres et habits, et, au bout de l'année, avoir sept à huit cents francs d'économie , vous ajoutez : *Malheureusement tous les officiers du ministère public ne sont pas univoques, car un d'eux , dans son rapport, se prononce formellement sur l'insuffisance du samedi.* Un, Monsieur, un (page 174), contre combien? vous ne nous l'apprenez pas. Est-ce qu'il n'y a pas toujours des exceptions? des minorités? Vous en êtes des exemples, vous et votre magistrat inspecteur.

La terre tourne, le soleil est immobile. La majorité le pense. Un long mémoire a été adressé à l'Académie pour prouver le contraire : l'auteur du mémoire est de la minorité.

Croyez-vous, Monsieur, faire beaucoup d'impression en disant que des esclaves portent les noms de Broglie, Passy, Tocqueville et Isambert? Vous nous apprenez seulement qu'on a commis une inconvenance dont ces Messieurs riront sans doute; personne n'aura encouru leur colère pour cela ; ils n'attribueront pas pour cela tous les crimes aux créoles, et ne vous imiteront pas , poursuivant à outrance le colon A.

Vous parlez de la bonté des Nègres. Tout le monde sait que plusieurs ont donné des preuves de dévouement et d'attachement. Croyez-vous que ces exemples ne fassent pas autant l'éloge du maître que celui de l'esclave? Maltraité , celui-ci eût-il agi de même? Le Nègre de madame du Fougerais était-il traité par elle en esclave ou en ami ?

En France aussi nous avons de ces vieux domestiques, qui, se regardant comme partie de la famille, se sacrilient pour leur maître, et nous sont révélés, de temps à autre, par le prix Montyon.

Vous prétendez qu'on blâme aux Antilles la publicité donnée aux actes de dévouement des esclaves. Non, Monsieur, chacun les récompense, chacun les proclame, parce que, comme le crime, la vertu se propage. Méfiez-vous donc, je vous y engage, des on. « On est une bête, » répondait Voltaire fatigué d'entendre : On dit, on raconte.....

Après le drame la petite pièce. Vous avez voulu des larmes pour vos Négresses, vous demandez des rires pour vos militaires. Comment, voici un capitaine qui fait reconnaître son fils par la compagnie. On a battu un ban, et le lieutenant l'a fait reconnaître pour fils de son capitaine, sans doute *au nom du sucre et du café*. N'est-ce pas ainsi que cela s'est passé ? De plus, un navire de guerre a tiré vingt et un coups de canon ; juste le nombre qui eût annoncé à la France et au monde la naissance d'une princesse, si, au lieu du roi de Rome, Marie-Louise fût accouchée d'une fille.

Vous ignorez donc, Monsieur, que les bâtiments de l'État font de temps à autre l'exercice du canon.

Comment, vous, si grand partisan de la liberté, vous attaquez ce brave capitaine qui, s'il a sa part des faiblesses humaines, les paye de sa poche. Vous avouerez qu'il vaut mieux, pour l'humanité, donner double ration à ses hommes et faire partager sa joie à ses Nègres, que, mécontent de tout, poursuivre ses semblables d'invectives et d'accusations.

Vous demandez un second jour de liberté pour les Nègres. Le samedi est insuffisant, dites-vous ; et, d'ailleurs, il peut pleuvoir. Quant à l'insuffisance, le rapport du procureur général, cité par vous, a répondu. Le travailleur libre, en France, envierait l'esclave des Antilles, qui, après que tous ses besoins sont satisfaits, a pu, au bout d'une année, recueillir 7 à 800 francs. Il peut tomber de la pluie ; sans doute cela doit arriver quelquefois ; mais je ne pense pas que le procureur général ait choisi, pour base de ses calculs, une année phénoménale. Laisser le maître ou l'esclave libre de déterminer le jour de liberté serait introduire un élément de discorde et d'injustice.

Vous ne demandez pas, j'imagine, ce nouveau jour comme jour de repos, car cela en ferait trois ; et vous le voyez, par le rapport de M. de Broglie, le travail n'est nulle part excessif ; et vous-même, en regrettant que le Nègre ne puisse, chaque nuit, faire plusieurs lieues pour aller voir cet ami prétendu, vous reconnaissez qu'il n'est pas accablé par le travail ; car, autrement, il ne serait pas si désireux de faire une pareille course.

Me voici au bout de votre brochure, Monsieur, et je ne sais quel nom lui donner.

Celui de mémoire ? Les faits que vous énoncez sont inexacts.

Vous promettez, en commençant, de ne rien dire que vous n'ayez vu, ou entendu déclarer publiquement aux audiences de Cour d'assises. De tous les crimes que vous racontez, le plus petit nombre est venu devant la justice, *et*, A DEUX EXCEPTIONS PRÈS, *des acquittements sont venus prouver l'innocence des accusés.* Des autres, vous n'avez nulle connaissance par vous-même, car vous eussiez dû les faire poursuivre. Ce sont des on dit, des histoires de vieilles femmes.

Vous ne voulez pas vous montrer hostile à l'administration des colonies, et vous accusez M. Duval d'Ailly et les fonctionnaires.

Dans vos allégations, MM. de Broglie et Jubelin vous démentent, la statistique vous condamne.

Vous dites les esclaves malheureux.

Un procureur général (page 73 de votre brochure)

déclare que même les Nègres d'habitation peuvent, outre leur nourriture et leurs vêtements, réaliser, chaque année, 7 à 800 francs d'économies.

Suivant vous, ils sont mal nourris, mal vêtus.

M. de Broglie, président de la Société pour l'abolition de l'esclavage, dit, dans son rapport, page 131 : *La nourriture des Noirs est saine et suffisante, ils sont logés et vêtus conformément aux exigences du climat, ils sont convenablement soignés dans leurs maladies.*

Selon vous, les supplices et tortures, l'excès de travail et le fouet tuent les Nègres.

M. de Broglie (même rapport, même page) : *Les châtiments corporels sont modérés et vont plutôt diminuant; nulle part on n'exige un travail excessif.*

La vie moyenne de l'esclave aux Antilles est de trente-quatre ans. (*Statistique de M. Ch. Dupin.*)

On n'a pas soin des femmes enceintes et nourrices, des enfants.

Les colons ménagent la population noire ; on prend soin des femmes enceintes et des enfants en bas âge; aussi la population est en voie d'augmenter. M. de Broglie (même rapport, même page): « L'enfant qui naît appar-« tient au maître de la mère. Il n'est pas abandonné sans « soins; si ceux de son père ou de sa mère lui man-« quent, ceux de son maître ne lui manquent jamais..... « Les Négrillons sont parfaitement soignés ; la sollicitude « du maître, surtout celle des dames de la famille, ne « sommeille presque jamais; et il est à remarquer qu'il « meurt, proportion gardée, plus d'enfants de couleur « libres que d'enfants esclaves. » (Observations de l'Administration de la Guadeloupe et de son gouverneur, rapport.)

Sur 100 enfants :

A Manchester...................	74 atteignent l'âge de 18 mois.
A Liverpool	74	— —	13 mois.
Aux Antilles françaises.........	74 esclaves	—	14 ANS.

(*Statistique de M. Ch. Dupin.*)

Nommerai-je votre brochure un pamphlet?

Mais, d'après P.-L. Courier, un pamphlet est une pensée déduite en termes courts, clairs, avec preuves et documents.

Chez vous, les preuves sont nulles; les documents n'existent pas.

Vous attaquez tout le monde : et le directeur de l'intérieur, et le procureur général, et M. Duval d'Ailly, et la magistrature, et les avocats, et les médecins; et, par-dessus tout, les colons contre lesquels vous écrivez.

Je cherche, Monsieur, ce qui a pu vous engager à écrire; ce qui vous a poussé à dénoncer tous les administrateurs; ce qui vous rend si négrophile.

Serait-ce le désir d'avoir cette place de directeur du patronage dont vous sollicitez la création? Vous voudriez, dites-vous, qu'elle fût donnée à un homme éclairé :

à un homme éclairé :	vous êtes depuis longtemps conseiller à la Cour royale.
ami des Nègres :	vous avez voulu vous montrer tel.
probe :	vous l'êtes sans doute. —
d'un âge mûr :	vous avez 63 ans.
qui se serait déjà acquis des droits à la confiance publique, dans l'exercice de fonctions administratives ou judiciaires :	vous êtes dans la magistrature des Antilles depuis 1829.
qui ne relevât que du gouverneur :	vous êtes assez mal avec vos collègues pour devoir le désirer.

Vous concluez donc que la place vous convient, et que vous convenez à la place.

Mais, Monsieur, vous n'exprimiez pas votre pensée tout entière. Non, vous ne voudriez pas avoir pour égaux les chefs de service; vous ne voudriez pas prendre rang après les chefs d'administration; vous ne voudriez pas relever du gouverneur, mais vous n'osez pas le dire.

Eh bien, Monsieur, si vous étiez nommé, à la Guadeloupe, directeur du patronage, vous ne feriez pas battre les montagnes de l'Aveyron; seulement il y aurait à craindre une rixe entre la Soufrière et le Valmont.

ERNEST LE MENGNONNET.

www.ingramcontent.com/pod-product-compliance
Ingram Content Group UK Ltd.
Pitfield, Milton Keynes, MK11 3LW, UK
UKHW021038220726
13924UKWH00001B/395